MOLIÈRE

ET

LES MÉDECINS AU XVIIe SIÈCLE.

Dr GUSTAVE DROUINEAU

MOLIÈRE

ET

LES MÉDECINS AU XVIIe SIÈCLE

LA ROCHELLE

TYP. DE A. SIRET, PLACE DE L'HOTEL-DE-VILLE, 3

MDCCCLXXIII

MOLIÈRE

ET LES MÉDECINS

AU XVIIe SIÈCLE.

Des hommes illustres du XVIIe siècle, nul n'est plus vivant parmi nous que Molière ; à la fois comédien et philosophe, il a exposé sur la scène, avec un art profond, des types et des ridicules qui sont de tous les temps et de tous les pays. Rappelons l'*Avare*, le *Tartuffe*, le *Misanthrope*, etc...

Mais à côté de ces figures impérissables, il est quelques caractères moins saillants, plus particuliers à notre pays, ayant vivement excité la verve du grand comique ; jadis très vivants, aujourd'hui tellement ignorés que, pour en avoir une idée juste et vraie, il faut retourner dans le passé, vivre avec Molière en plein XVIIe siècle, se façonner aux mœurs et aux usages du temps, s'accoutumer aux manières de tout ce monde de marquis et de bourgeois, voir enfin de près ce qui se passe, se dit ou se fait à la *Ville* et à la *Cour*.

Qui sait, en effet, ce qu'étaient vraiment ces médecins, chirurgiens et apothicaires si cruellement raillés et bafoués par le spirituel comédien? Qui les connait à fond? Un petit nombre d'érudits et quelques curieux sans aucun doute, mais un bien petit nombre; car, il faut l'avouer, dans ce grand siècle, les sciences médicales étaient encore dans l'enfance, la routine était profonde, et dans cette atmosphère obscure et médiocre personne peut-être n'eût jamais jeté les yeux, si Molière n'eût vivement mis en lumière les profils pittoresques de MM. Diafoirus, Tomès ou Fleurant, et si, après lui, on ne les eût conservés comme des représentants fidèles des hommes d'une autre époque.

Cependant si ces médecins sont en général médiocres, s'ils sont pour la plupart inconnus, quelques-uns jouirent pourtant d'une grande réputation et leurs noms se sont conservés jusqu'à nous.

Les mœurs professionnelles, les traditions d'école avaient, certes, des côtés ridicules, mais elles avaient aussi des côtés respectables; et, là, Molière n'a point été juste; il n'a rien épargné, ni les médecins, ni la Faculté, ni les doctrines; il a tout raillé, tout combattu.

Il se défend bien quelquefois et affecte de ne vouloir attaquer que le ridicule de la médecine; mais si, parlant ainsi, il a été de bonne foi, il est regrettable que la flèche aiguë du satirique comédien ait dépassé le but qu'il voulait atteindre, car il a même fait les médecins de son temps malhonnêtes, et a créé, sans motif sérieux, le type imaginaire de Fillerin qu'on ne peut retrouver dans cette corporation, très passionnée quand il s'agit de discuter si le centre de la vie est au foie ou au cœur, s'il faut saigner ou purger, mais qui, si elle se trompait, se trompait de bonne foi et non pour tirer profit de ses erreurs.

Entrons donc dans ce monde oublié ou méconnu, voyons, avec Molière et à cause de lui, ce qu'étaient les médecins et aussi la science médicale, et nous jugerons ensuite si la critique a toujours été juste ou si elle n'a pas été parfois trop sévère.

Au moment où Molière écrivit ses comédies,

il y avait dans Paris deux sortes de médecins : les uns appartenaient à la Faculté ; les autres venaient du dehors. Ces derniers avaient charge à la Cour ; l'un était premier médecin du Roi, l'autre de la Reine ; celui-ci appartenait à Monsieur, celui-là à Madame, cet autre à la Reine mère..... Tous ces postes, la faveur les octroyait et l'argent aidait quelquefois à les obtenir, car non-seulement ils se vendaient fort cher, mais encore ils donnaient le droit très précieux d'exercer la profession médicale à Paris même. Ce droit, que la Faculté n'avait jamais pu, quoique puissante, faire disparaître, avait pour conséquence fatale de créer entre les médecins de la Faculté et ceux de la Cour une rivalité constante.

En outre, comme aujourd'hui, Paris était inondé d'une foule de charlatans de toute sorte, vendeurs d'orviétan, médecins ambulants, chiromanciens, diseurs de bonne aventure (les somnambules et magnétiseurs n'étaient point encore inventés) ; alors comme aujourd'hui, ces guérisseurs de rencontre avaient le privilège d'inspirer la plus grande confiance, je ne dis pas au menu peuple, mais aux belles marquises et aux grands seigneurs, fort sceptiques en fait de médecine, mais fort croyants sur ce point.

Pour lutter contre de tels rivaux, la première chose à faire était de refuser absolument toute consultation avec eux ; aussi la Faculté n'y faillit pas et ses règlements furent formels sur ce point : « Aucune consultation avec les empiriques ou les médecins non reconnus par le collége des médecins de Paris. » Les médecins de cour venus du dehors étaient exclus comme les empiriques, et la règle devait être ponctuellement suivie, car c'était une raison suffisante pour être expulsé de la Faculté ; on l'était à moins.

La Faculté n'acceptait donc la présence des médecins du dehors qu'à son corps défendant et fuyait tout contact avec les empiriques. Les lettres de Guy Patin font foi de cette séparation complète et radicale. Railler ces gens de cour, ces empiriques, n'était donc point cas pendable pour la Faculté, et les amis de Molière, Bernier, Mauvillain, médecins de la Docte École ne pensaient point autrement.

Molière reçut certainement d'eux des inspirations et elles ne purent être dirigées que dans un sens favorable à la Faculté et défavorable aux médecins du dehors.

Ceux-ci sont, en effet, les premiers que Molière met en scène dans l'*Amour médecin*.

Chacun se rappelle ces quatre grotesques personnages : M. *Tomès* dont la mule admirable a parcouru tout Paris ; M. *Desfonandrès* qui possède un cheval merveilleux et plus rapide encore ; M. *Macroton* dont la langue pesante articule lentement chaque syllabe, et son confrère *Bahis* qui se presse tant au contraire en parlant que son langage n'est qu'un perpétuel bredouillement.

Les critiques sont cependant modérées et les attaques personnelles moins violentes qu'on le pourrait croire. Monter une mule et parcourir tout Paris, c'était en somme ce que chacun faisait. Les médecins promenaient, en effet, gravement sur leurs mules leurs grandes perruques et leurs barbes majestueuses ; quelques-uns même portaient la longue robe, avec chausse rouge et rabat, et en cela ils ne faisaient qu'obéir à l'invitation formelle qui leur en avait été faite, en 1612, par le premier président *de Thou*, dans une lettre adressée au doyen Pierre Pijart. Le cheval fut une innovation dans les habitudes d'alors, et *Guénaut*, homme à la mode et hardi novateur, causa presque un scandale en utilisant pour son propre compte les services de cet animal. Boileau, du reste, l'a rendu célèbre par son vers :

Guénaut, sur son cheval, en passant m'éclabousse.

Nous venons de nommer un des personnages de la consultation de l'*Amour médecin*. Molière, cependant, ne désigne pas Guénaut par son cheval, mais bien par sa lenteur extrême à parler. Guénaut, c'est *Macroton*. Desfonandrès avait pour original Desfougerais, premier médecin de Madame.

En 1665, au moment où parut l'*Amour médecin*, Desfougerais était un vieillard d'environ soixante-dix ans. Son véritable nom était Elie Béda ; il avait une terre appelée Desfougerais ; il s'appela donc Béda des Fougerais, puis Desfougerais. Cette sorte d'altération du nom patronymique était usitée dès cette époque et se pratique encore, dit-on, quelquefois de nos jours.

Quoiqu'il en soit, Desfougerais comptait dans sa clientèle les plus grands noms de l'aristocratie et de la haute magistrature. Homme du monde, homme à bonnes fortunes, dit-on, il cherchait à racheter par ses grandes manières un infirmité naturelle : il boitait des deux jambes et les spectateurs du Palais-Royal durent facilement le reconnaître, si le personnage de Desfonandrès fut joué par le boiteux Béjart. Guy Patin le traite cruellement : « Je pense, dit-il, que, si cet homme croyait » qu'il y eût au monde un plus grand charlatan » que lui, il tâcherait de le faire empoisonner. » Il fut certainement repoussé par la Faculté pour son charlatanisme et reçut de sévères réprimandes. Les traits lancés contre lui n'atteignaient pas la compagnie qui le répudiait comme indigne.

Le troisième médecin de la consultation, *Bahis* le bredouilleur, était *Esprit*, premier médecin de la Reine-mère, peu connu aujourd'hui, mais autrefois fort bien en cour ; il avait effectivement le défaut de bredouiller. Quelques critiques ont cru reconnaître derrière Bahis *Brayer*, possesseur d'une grande fortune et aussi très recherché à la Cour.

Tomès enfin, c'est pour les uns *Daquin*, peu célèbre encore à cette époque et assez peu répandu, de plus, grand donneur d'antimoine et ennemi de la saignée. Ce masque de *Tomès* à son adresse eût été un contre sens. Il est plus probable que c'est *Valot*, alors premier médecin du Roi et qui saignait très fort ses clients, y compris son maître.

Quant à ces noms bizarres, tout le monde sait que Boileau fut chargé de les composer et il emprunta à la langue grecque les termes qui couvrirent ces transparentes allusions.

Reste un cinquième personnage, M. Fillerin, qui ne cache aucune personnalité : création imaginaire qui ne représente nullement la corporation entière et qui nuit vraiment à l'idée comique qui fit mettre en scène les autres doctes personnages de la comédie. Il fallait, pour s'attaquer si audacieusement aux médecins même de la Cour et pour les désigner si ouvertement à la rail'erie publique, que Molière connût bien ou les secrètes pensées de son maître ou les quolibets circulant à la Cour au sujet de ces médecins courtisans. Or, voici ce qui s'était passé lors de la dernière maladie du cardinal Mazarin.

C'est Guy Patin qui le raconte : « Hier à deux heures, dans le bois de Vincennes, quatre de ses médecins, savoir Guénaut, Valot, Brayer et Béda des Fougerais alterquaient ensemble et ne s'accordaient pas de l'espèce de la maladie dont le malade mourait. Brayer dit que la rate est gâtée, Guénaut dit que c'est le foie, Valot dit que c'est le poumon et qu'il y a de l'eau dans la poitrine, Desfougerais dit que c'est un abcès du mésentère..... Ne voilà pas d'habiles gens ! Ce sont les fourberies ordinaires des empiriques et des médecins de Cour, qu'on fait suppléer à l'ignorance. Cependant voilà où en sont réduits la plupart des princes. *Sic merito plectuntur.* » (Guy Patin tom. II, p. 223.)

Ceci se passait en 1661. La comédie venait en 1665. Il lui était bien permis de broder quelque peu sur un thème aussi séduisant.

Les médecins de cour, non épargnés par les membres du Collége de Paris, pouvaient donc tomber sous les coups de la satire : personne, dans la Faculté, n'y trouvait à redire.

Mais avouons aussi qu'ils s'inquiétaient peu des choses du Théâtre et qu'ils ne s'effrayaient nullement du retentissement que pouvaient avoir les pièces du Palais-Royal ou de l'hôtel de Bourgogne.

Du reste, ils n'allaient jamais au théâtre, et trouvaient ce divertissement trop futile. Molière, sur ce point, leur a démontré leur erreur. Car, bien renseigné par ses amis et surtout Mauvillain des orages qui grondaient au sein de la Faculté, il ne tarda pas à la mettre elle-même en scène. Le *Malade imaginaire* lui servit de thème et l'intermède final, la cérémonie de réception, fut une moquerie complète des graves usages de la Faculté.

On sait que cette bouffonnerie fut composée tout d'un trait chez Madame de la Sablière, après un de ces joyeux soupers où se donnaient rendez-vous les beaux esprits d'alors et où assistaient Boileau, Lafontaine, et la célèbre Ninon de Lenclos. Chacun y mit son mot. Il est plus que probable qu'il se trouvait dans le salon de la belle marquise deux ou trois médecins plus ou moins sceptiques, de la société habituelle de Molière, tels que Liénard, Bernier, Mauvillain ; certaines expressions techniques, certains détails intimes, qui prouvent une connaissance parfaite de l'intérieur de la Faculté, trahissent, à n'en pas douter, l'active collaboration de quelque main experte ; qu'il y ait eu là une vengeance secrète, un dessein prémédité, je n'en crois rien, dit à ce sujet M. Maurice Raynaud, fort expert sur la matière, (Mauvillain étant en effet à cette époque rentré dans le giron de la Faculté), je pense plutôt, ajoute-t-il, qu'en apportant à la satire commune leur contingent de plaisanteries, ils crurent agir en hommes d'esprit qui savent au besoin hurler avec les loups, loin de se douter qu'ils portaient à une institution qu'ils chérissaient au fond un coup dont elle ne devait pas se relever.

Ces réflexions sont justes : la dévotion des médecins de Paris pour leur Faculté était véritablement grande et on ne les trouve jamais en défaut sur ce point.

Mauvillain lui-même en est un exemple. — Aussi, en fournissant des armes à Molière, ces spirituels docteurs étaient loin de penser qu'elles dussent tourner un jour contre eux et contre la Faculté.

Molière, en cette circonstance, eût-il vraiment raison de railler et de jeter le ridicule sur les usages de la Faculté?

A ne voir que le côté solennel et pompeux de toutes ces cérémonies d'école, peut-être se sent-on disposé à donner raison au comédien ; mais, si l'on songe à l'importance réelle que chacun accordait aux grades obtenus, aux luttes soutenues en public ; si l'on se souvient encore que ces disputes académiques avaient le concours de tous les hauts fonctionnaires de l'Etat, des prévôts des marchands, des échevins, des ministres, des membres du parlement et des cours souveraines, peut-être pensera-t-on que ce n'est pas dans ce fait isolé, dans ce cérémonial particulier, que se trouve incrusté le ridicule de toute une époque, que c'est puérilité de venir attaquer si violemment une d s parties d'un tout qui semblait à chacun harmonieux et parfait, et peut-être enfin, si on excuse sur ce point Molière, faudrait-il l'accuser ou tout au moins lui reprocher de ne pas avoir fait son œuvre complète et d'avoir laissé dans l'oubli bien des solennités non moins burlesques que celles de la Faculté.

La Faculté de médecine n'était pas, en effet, sans importance, loin de là. C'était un des corps les plus influents de l'Université. Entre toutes les autres Facultés, elle avait un caractère particulier. Celles-là, en effet, étaient purement et simplement des corps savants, organisés en vue de l'instruction publique et dont tous les priviléges avaient pour but essentiel de garantir la liberté des études. Les médecins, au contraire, formaient tout à la fois un corps enseignant, et un corps exerçant une profession libérale dont ils avaient le monopole, profession lucrative et honorée, accessible seulement à la haute bourgeoisie et empruntant de nombreuses obligations à la nécessité de vivre dans des rapports continuels avec le public.

Il en résulte que, là où n'existaient pour les autres Facultés que les droits et les devoirs réciproques de maître à élève, les médecins devaient trouver, en outre, cette étroite solidarité, cet appui mutuel que peut seule donner la confraternité la plus intime. De là, une législation intérieure prévoyant et réglant jusqu'aux plus petits détails de la pratique journalière, s'imposant aux nouveaux-venus et exigeant, avant tout, le sacrifice constant des intérêts de chacun à l'intérêt de tous. Aujourd'hui l'on cesse d'appartenir à la Faculté le jour où l'on reçoit son diplôme, autrefois c'était le moment où l'on commençait à en faire partie. Or la compagnie entière avait un intérêt évident à ce que son honneur ne souffrît pas des manœuvres de quelques particuliers.

Malheureusement, elle avait aussi l'esprit de corps poussé, par cette raison même qu'elle était très scrupuleuse de sa réputation, à un point excessif.

Quand elle n'approuvait pas une doctrine, il fallait que chacun obéît à sa décision, elle ne transigeait pas sur ce point et n'admettait pas le moindre tempérament.

C'est surtout là ce qui l'a tuée plus encore que les coups de la satire.

Ce n'est point dans ces usages, dans ces cérémonies d'école que nous trouvons vraiment des sujets de moquerie. Les études étaient longues, sérieuses, les examens sévères et la Faculté de Paris n'admettait pas dans son sein tous ceux qui y voulaient entrer, ainsi que la Faculté que *Béralde* amène à son frère *Argan*. Les choses s'y passaient d'une façon fort grave et n'avaient rien de plaisant. On ne recevait que quatre docteurs environ par an, cela devait donc être évidemment très solennel, car c'était chose assez rare.

Chacun de ces docteurs, outre la connaissance des lettres, de la philosophie, des sciences physiques, parlait fort correctement la langue latine, la langue scientifique d'alors. Leurs dissertations publiques étaient de véritables joutes oratoires, et l'on se sent pris d'un certain effroi en pensant aux efforts que devaient faire les candidats et les examinateurs pour discourir, plusieurs heures durant, sur des questions quelquefois futiles comme celles-ci : « *Les héros, naissent-ils des héros? Sont-ils bilieux? — Est-il bon de s'enivrer une fois par mois? — La femme est-elle un ouvrage imparfait de la nature? — Faut-il tenir compte des phases de la lune pour la coupe des cheveux?*

Cette dernière trouverait peut-être grâce devant quelques mères de famille, je me hâte de m'excuser de la porter ainsi au rang des thèses peu sérieuses ; à côté de celles-là, beaucoup, c'est même le plus grand nombre, roulent sur des aphorismes d'Hippocrate ou sur des points variés des sciences médicales.

Certes, ces formalités scolastiques et leurs excentriques solennités sont bien démodées et le ridicule qui s'en exhale aujourd'hui est excessif; mais, à cette époque, cet appareil avait-il vraiment quelque chose de si choquant que la satire dût s'en emparer? voilà qui est douteux.

Car, ne l'oublions pas, nous sommes en plein XVIIe siècle, en plein règne de Louis XIV, le Roi soleil. Chacun se grandit le plus qu'il peut.

« Tout petit prince a des ambassadeurs.
» Tout marquis veut avoir des pages. »

Le Roi est dans un état de représentation continuelle, sa préoccupation constante c'est de paraître grand, majestueux, au physique comme au moral. Il serait désolé qu'on pût croire, un seul instant, qu'il est de même nature que le reste des humains et soumis aux mêmes faiblesses, aux mêmes besoins. Il faut qu'il brille, qu'il frappe, qu'il éblouisse; il ne craint pas de lutter contre les rayons du soleil. Et ministres, grands seigneurs, magistrats, Parlement, Clergé, Université, etc., chacun suit l'exemple du grand Roi, du maître tout puissant : c'était lui faire sa cour et faire à la fois comme tout le monde. Tout cela s'est évanoui, tout cela est si loin de nous que nous ne trouvons plus dans cette cérémonie du Malade imaginaire qu'une bouffonnerie carnavalesque et que nous avons peine à y voir une reproduction à peu près exacte des choses d'autrefois, choses en même temps sérieuses et sérieusement faites.

Cette pompe n'existe pas seulement dans l'appareil cérémonieux des réceptions doctorales, elle est partout, dans les manières, dans le langage. Molière l'a prise sur le vif et, ici, il n'y a pas à accuser le comédien d'outrer la vérité, nous avons à la Bibliothèque de notre ville la preuve la plus évidente de la sincérité de Molière sur ce point.

Vous vous rappelez certainement le fameux compliment du jeune Thomas Diafoirus à sa future Angélique. Je vais vous en citer un passage, ou plutôt je vais vous lire une phrase d'un document authentique qui n'a pas échappé à la minutieuse attention de notre érudit Bibliothécaire :

« *Ne plus ne moins que cette herbe que nous appelons fleur du soleil, le petit souci, le titimale que les Grecs vulgairement nomment Hélioscopius, et cette autre herbe qu'ils appellent*

Héliotropium, regardent et contemplent toujours le soleil, se tournent vers icelu y et le suivent en tous ses mouvements autant qu'il leur est naturellement possible, semblablement je vous contemple toujours des yeux de l'âme..... »

Seulement, ici nous sommes loin de la comédie. — Tout est sérieux et grave. Thomas Diafoirus fait place à Jean Baulot, un de nos compatriotes, et c'est dans ce beau langage qu'il dédie sa thèse, très sérieuse du reste, à M. de Béziers, docteur en médecine à la Rochelle. Molière n'a vraisemblablement pas eu besoin de ce modèle, car c'est le langage de tous ; il ne faut pas s'étonner de ces exagérations puériles dans un temps où la louange vient si aisément aux lèvres et où l'emphase est continuellement de saison. Tous les discours des réceptions académiques sont dans ce style pompeux, et Molière n'a eu, de ce côté, aucun effort à faire.

La Faculté, pour toutes ces choses, se conforme donc aux habitudes de l'époque ; elle ne voit aucun inconvénient à cette solennité, à cet apparat, à cette pompe ; elle en est peut être même satisfaite, cela est possible, mais à coup sûr, ce n'est pas par cela qu'elle se singularise.

Il y eut autre chose de bien plus grave pour elle. Son culte excessif pour les anciens l'avait peu à peu conduite à se croire véritablement dépositaire des seuls trésors de la science de l'homme ; hors ce qui s'enseignait à la Faculté, il n'y avait qu'erreur ; excepté les croyants diplômés par elle, il n'y avait qu'ignorants et charlatans. En dehors de la science hippocratique elle refusait toute expérimentation, toute recherche, et cet entêtement systématique, cette obstination incroyable la rendirent l'objet de la risée publique ; la satire lui porta le dernier coup en étalant au grand jour ses dissensions intestines et ses ridicules prétentions.

Mais, avouons-le, Molière eut la victoire facile, car la pauvre Faculté n'était plus guère qu'une moribonde quand il l'attaqua.

En voici la preuve :

Un anglais, Harvey, avait découvert la circulation du sang vers le commencement du XVIIe siècle ; plus tard un italien, Aselli, avait reconnu des vaisseaux partant de l'intestin et charriant les produits de la digestion, et un français, Pecquet, découvrait un petit réservoir auquel on donna son nom et faisait voir que la terminaison des vaisseaux chylifères n'est pas au foie, comme on l'a dit jusque-là, mais bien à ce petit réservoir. Dès lors, grand trouble à la Faculté. Que va devenir Galien? Que va faire désormais le foie chargé jusque-là d'être le siège des facultés naturelles et de la sanguification ? Le voilà donc réduit à l'oisiveté ou à quelque minime fonction ? Mais si Galien s'est ainsi trompé sur ce point, que devient sa doctrine? Il faut sauver Galien de ce mauvais pas, et Riolan, un des médecins remarquables de cette époque, anatomiste renommé, combat à outrance Harvey, et sous sa bannière se rangent Guy Patin et beaucoup d'autres. Les Français sont spirituels, dit-on : à la doctrine anglaise on opposa des bons mots; les sectateurs d'Harvey furent appelés *circulatores*, ce qui veut dire en latin charlatans. Cela fit rire et les rieurs crurent avoir raison.

En 1657, Riolan et Harvey moururent et avec eux la lutte parut éteinte. Il y eut quelques rares discussions à la Faculté, quelques thèses soutenues tantôt pour, tantôt contre la circulation, sans grand bruit. Mais la philosophie ouvre la voie du progrès, Gassendi, Descarte, acceptent la théorie de la circulation, il ne faut plus qu'un effort pour rendre la victoire complète.

L'Université voulait obtenir un arrêt sérieux du

Parlement pour faire respecter ses doctrines ; Boileau et le spirituel médecin Bernier, ami de Molière et comme lui élève de Gassendi, conçoivent alors et publient, en 1671, l'*Arrêt burlesque*. Dès ce moment, ce sont les *circulatores* qui deviennent à leur tour les rieurs, et Molière savait bien l'effet que produirait sur le public Diafoirus père disant de son fils : « *Sur toute chose, ce qui me plaît*
» *en lui et en quoi il suit mon exemple, c'est*
» *qu'il s'attache aveuglément aux opinions de*
» *nos anciens et que jamais il n'a voulu com-*
» *prendre ni écouter les raisons et les expé-*
» *riences des prétendues découvertes de notre*
» *siècle touchant la circulation du sang et autres*
» *opinions de même farine.* » C'en était fait, la cause était gagnée, et au moment où Diafoirus parlait ainsi (1673), Louis XIV instituait au Jardin des Plantes une chaire spéciale d'anatomie pour la propagation des découvertes nouvelles et la confiait à Dionis, et ainsi mettait fin à cette lutte fameuse.

Il en fut à peu près de même pour l'antimoine. L'origine de cette lutte est encore plus ancienne. Notre calme et paisible cité s'y trouve mêlée, car un certain Delaunay écrivit et fit imprimer à la

Rochelle, en 1564, d'autres disent en 1566, un opuscule intitulé : *De la faculté et vertu admirable de l'antimoine.* Il eut quelque retentissement, car la Faculté, en 1566, prit au sujet de l'antimoine une décision importante et promulgua un décret dont voici la teneur :

« *Tout le collége de la Faculté de médecine ayant été convoqué à l'effet de porter un jugement pour servir de règle relativement à l'antimoine, il a été décidé, d'après l'autorité de tous ceux qui se sont illustrés en médecine et pour les raisons déjà exposées devant M. le Procureur général, que l'antimoine est une substance délétère et comme tel doit être classé parmi les simples de nature vénéneuse ; que de plus il n'existe pas de préparation qui puisse le corriger, de manière à en permettre l'usage sans danger. — Décidé aux écoles de médecine, le 3me jour des Kalendes d'août de l'année 1566.* » — Cependant un médecin de Paris, Grévin, réplique à notre compatriote Delaunay, qui répond à son tour.

La lutte était encore anodine, mais la Faculté ne plaisantait pas sur ce point et la chimie lui inspirait des inquiétudes considérables. — En 1615, nouveau décret qui confirme le premier et défend même de parler de l'antimoine.

En France on se tait, mais à l'étranger on parle ; — la lutte est sourde.

En 1638, un doyen, Hardouin de Saint-Jacques, fait publier un codex , œuvre de la Faculté , et dans ce codex se glisse, — par quel moyen ? — le vin émétique ou antimonial. Dès ce moment , tumulte, scandale à la Faculté; Guy Patin crie à la trahison ; sous son décanat, Chartier publie un libelle intitulé : *La science du plomb sacré des sages* (un des noms de l'antimoine) ; on le chasse ignominieusement de la Faculté. On plaide ; Renaudot le célèbre gazetier , le père du journalisme , et ses fils sont pour l'antimoine ; aussi on leur ferme toutes les portes ; les écrits volent de tous côtés , l'encre coule à flots ; les poëtes se mettent de la partie et les sonnets , les acrostiches , les poëmes antimoniaux circulent de main en main et dans chacun des camps. Les médecins de cour , toujours repoussés par la Faculté, accueillent à bras ouverts les amis de l'antimoine , ils s'en font eux-mêmes les défenseurs. La lutte est dans toute sa force , mais sans qu'il y ait encore de vainqueurs ; on s'accuse , on s'injurie ; la saignée tue , l'antimoine tue; à les entendre, ces pauvres médecins auraient à eux seuls bientôt dépeuplé tout Paris, mais voilà qu'un événement vient tout à coup changer la scène.

Pendant la campagne de 1658, le Roi, qui avait vingt ans, tombe gravement malade à Mardyck, d'où il fut transporté à Calais. Le journal de la santé du Roi, alors rédigé par Valot, donne une relation détaillée de cette maladie. Il n'y a pas moyen de s'y méprendre : ce fut ce qu'on appellerait aujourd'hui une fièvre typhoïde et des mieux caractérisées. La situation d'un premier médecin est embarrassante en pareille circonstance. C'est à qui lui donnera le plus de conseils, à la condition toutefois qu'en cas de malheur lui seul soit responsable. Valot venait de s'absenter quelques jours. A son retour, il trouva le Roi alité et déjà sérieusement compromis. Il se met courageusement à l'œuvre et n'épargne ni les saignées, ni les purgations. Le mal ne faisait qu'empirer. Le septième jour s'était passé sans apporter la crise dont on attendait le soulagement de l'auguste malade. Les choses pressaient; Guénaut avait été mandé de Paris en toute hâte, il arriva enfin. Les médecins de la Cour, Valot, Esprit, Daguin, Yvelin, sans compter un obscur praticien d'Abbeville nommé du Saussoy qu'on avait appelé pour la circonstance, s'étaient déjà longuement disputés sur ce qu'il convenait de faire et étaient aux abois. Une grande et solennelle consultation eut lieu sous la présidence de Mazarin et (ce qui est assez curieux) le cardinal opina le premier pour l'antimoine. On résolut d'en donner au Roi et on lui en fit prendre une once; il fut purgé vingt-deux fois; bref, que ce fût par ou malgré l'antimoine, il se trouva mieux et finit par guérir. A partir de ce jour, la fortune de l'antimoine est faite. Guénaut devient un demi-dieu, on le fête, on le célèbre en prose et en vers; les sonnets, les poëmes refleurissent, mais ce n'est plus que pour chanter les louanges de Guénaut et de l'antimoine triomphant.

Enfin, en 1666, un arrêt du Parlement permettait aux docteurs de la Faculté de se servir de vin émétique pour la cure des maladies, d'en écrire et d'en disputer. Dans le sein de la Faculté, quatre-vingt-douze docteurs sur cent deux s'étaient prononcés en sa faveur. La chose était bien définitivement jugée et la comédie n'avait pas à apporter là son influence particulière.

Le quinquina eut aussi les honneurs de l'excommunication, mais cela eut moins de retentissement; la poudre des jésuites, comme l'appelle Guy Patin, fut prise un jour par le Roi, le guérit d'une fièvre et fut acceptée dès-lors par chacun.

La Faculté avait donc, sinon reconnu elle-même ses erreurs, du moins accepté et *les expériences et les prétendues découvertes du siècle.*

Elle y avait certainement mis le temps et sa résistance avait été grande, mais enfin elle avait cédé.

A l'heure où Molière la mettait en scène, c'en était presque fini de toutes ces disputes et de ces luttes, et la pauvre Faculté vaincue, humiliée, restait silencieuse et calme. Elle avait été ridicule en voulant entraver le progrès, en s'obstinant à ne pas vouloir l'accepter parce qu'il ne venait pas d'elle, mais cette lutte l'avait épuisée et on pouvait bien facilement la cribler de traits. Elle ne songeait pas à se défendre et n'avait nulle envie de justifier ses actes passés. Impuissante de ce côté, elle tournait ses regards ailleurs : les chirurgiens élevaient la voix, le collége de Saint-Côme voulait devenir l'émule de la Faculté placée sous le patronage de Saint-Luc. Molière a laissé dans l'ombre ce côté non moins plaisant peut-être des prétentions de la Faculté et des médecins de ce temps.

Quelques-uns de ces hommes ont, malgré les critiques, les railleries et les satires, trouvé grâce devant l'histoire, et leurs noms resteront à jamais vivants. Guy Patin, si bien étudié par Sainte-Beuve, Riolan, Dionis, les Renaudot, Naudé, Blondel, Mauvillain, Bernier et beaucoup d'autres que j'ai cités dans le cours de cette étude, et bien d'autres encore dont j'ai omis les noms, sont des témoins irrécusables de l'activité intellectuelle des médecins du XVIIe siècle.

En terminant, et pour résumer en quelques lignes ce qui me semble résulter de l'examen approfondi des œuvres de Molière et des médecins de cette époque, j'emprunterai à M. Maurice Raynaud, qui a abordé ce sujet en médecin et en littérateur, le jugement qu'il porte après une minutieuse étude.

« Je n'ai, dit-il, nulle envie de discuter ici cette proposition banale, à savoir que *la médecine est un art conjectural ;* avant de le faire, je voudrais bien savoir s'il est un seul art au monde qui ne le soit pas plus ou moins. Ne pas vouloir se payer de mots, consulter la vérité et l'expérience, tout cela est excellent. Mais, précisément à cause de cela, on ne saurait, en une matière si grave, se faire une opinion sans une très longue et très spéciale étude ; et l'on n'a pas le droit, fût-on Molière lui-même, d'invoquer des raisons comme celle-ci : qu'il est impossible qu'un homme en guérisse un autre ; car c'est là un mot et rien de plus.

» Dire que les ressorts de notre machine sont des mystères difficiles à pénétrer, c'est avancer une vérité que personne ne conteste ; en conclure que la science est condamnée à se traîner toujours dans la même ornière, et *que la nature nous a mis au-devant des yeux des voiles trop épais pour y connaître quelque chose*, c'est tout simplement nier le progrès et j'ajoute nier l'évidence ; je regrette que Molière ait laissé échapper cette phrase indigne de son génie et contraire à tous ses instincts. A tout prendre et en faisant toutes les concessions possibles à la faiblesse de l'intelligence humaine et aux incertitudes que le progrès rencontre en son chemin, je serais assez de l'avis d'Argan :

« *Toujours faut-il demeurer d'accord que, sur cette matière, les médecins en savent plus que les autres.* »

» Quant aux médecins qu'il a joués, tout en acceptant son arrêt, je demanderai pour eux le bénéfice des circonstances atténuantes. De grâce, ne les jugeons pas hors du temps où ils ont vécu.

» Il y a, dans l'histoire de l'esprit humain, deux sortes d'époques particulièrement intéressantes : les unes sont les époques de renouvellement, où les intelligences s'éveillent, où les horizons se dévoilent, où les générations s'élancent, pleines de foi en l'avenir, vers les régions de l'inconnu ; les autres sont ces moments de pleine maturité qui succèdent à une longue série de travaux et d'efforts dans une même direction, ceux où un système a trouvé son assiette définitive et comme sa formule, et cherche une stabilité éphémère, pour disparaître à son tour comme ceux qui l'ont précédé, en vertu de cette loi inévitable qui pousse l'humanité en avant. Le XVIIe siècle nous offre à la fois ce double spectacle. Tandis que l'éveil de la pensée philosophique marque l'aurore d'une ère nouvelle qui verra s'accomplir les plus mémorables découvertes dont la science se soit enrichie jusqu'alors, la médecine, dernière expression du passé, parce qu'il est dans sa nature de vivre d'emprunts faits à tous les ordres de connaissances et de les résumer en elle-même, la médecine s'arrête un moment avec complaisance dans la contemplation de ses anciennes gloires et semble vouloir s'organiser pour l'éternité. Mais l'on sent que cet édifice, en apparence si complet, pèche par la base, et qu'à peine constitué, il craque déjà de toutes parts. Est-il surprenant que le génie le plus pénétrant, le plus exempt de prévention, le plus sensé de cette époque de renouvellement philosophique et littéraire, éprouve, en considérant les médecins de son temps, un peu de cet étonnement mêlé d'incrédulité railleuse que la vieillesse, même la plus glorieuse, inspire toujours plus ou moins à la jeunesse?

» Mais nous qui n'avons ni ces passions, ni ces rancunes, nous pouvons et nous devons rendre une égale justice aux deux partis que nous avons trouvés en présence. Dans l'un, nous aimons à saluer le représentant de l'avenir et du progrès; dans l'autre, et au sein même de l'institution qui personnifie en elle l'esprit de résistance aux idées nouvelles, nous avons rencontré des efforts sincères, quoique trop souvent aveugles, des aspirations constantes, quoiqu'isolées, vers une amélioration de jour en jour plus nécessaire; et quant aux derniers et obstinés partisans du *statu quo*, nous les trouvons si convaincus dans leur immobilité systématique, si honnêtes malgré leurs préjugés et leurs fautes, qu'ils nous rendent indulgents malgré nous, et que nous assistons à leur retour désespéré vers un passé qui leur échappe, avec un sourire qui n'exclut pas la sympathie. Ils sont si candides, si simples, si respectables, que, malgré tout, l'on se sent porté vers eux par je ne sais quel charme de singularité. Leur société a quelque chose qui plaît; on n'en voudrait pas faire sa compagnie habituelle; mais on les revoit avec plaisir, on aime à venir les saluer de temps en temps et on les quitte avec regret.

La Rochelle, Typ. de A. Siret.

www.ingramcontent.com/pod-product-compliance
Ingram Content Group UK Ltd.
Pitfield, Milton Keynes, MK11 3LW, UK
UKHW020217180726
13838UKWH00005B/2038

9 782329 432182